Sommario

Introduzione 5

Capitolo 1 – La valutazione dell'investimento in un immobile 8

   1.1 – Lo studio e l'analisi dell'intero quartiere o della zona dell'immobile 11

      1.1.1 – Immobile affittato e nuda proprietà 13

   1.2 – Il prezzo al metro quadro come metodo di valutazione principale 19

      1.2.1 – L'analisi dell'oscillazione dei prezzi del mercato immobiliare 23

      1.2.2 – L'analisi costi-benefici 25

   1.3 – Immobili residenziali o immobili commerciali? 28

   1.4 – Acquistare un immobile all'estero 34

Capitolo 2 – Acquisto o locazione? La valutazione delle scelte sulla base dell'andamento del mercato 37

   2.1 – I prezzi storici degli immobili..............39

      2.1.1 – L'andamento attuale del mercato44

   2.2 – Stipulare un contratto di mutuo conviene?...47

      2.2.1 – I vantaggi................................51

      2.2.2 – Gli svantaggi..............................54

   2.3 – L'affitto come opzione meno rischiosa 57

      2.3.1 – I vantaggi................................60

      2.3.2 – Gli svantaggi..............................63

   2.4 – Leasing immobiliare come alternativa al mutuo e all'affitto 68

      2.4.1. – Le agevolazioni fiscali nel 2019 per il leasing immobiliare 71

Capitolo 3 – Investire nel mercato immobiliare: due simulazioni 74

3.1 – Premesse: cosa è fondamentale non escludere nella valutazione di convenienza..76

3.2 – Esempio 1: l'acquisto di un immobile nei pressi dell'Università....................81

    3.2.1 – Tutti i costi connessi all'acquisto..85

    3.2.2 – I guadagni futuri ottenibili............92

3.3 – Esempio 2: l'acquisto di un immobile in una località turistica marittima....................99

    3.3.1 – Le spese successive all'investimento 103

    3.3.2 – I vantaggi economici futuri.........108

3.4 – L'analisi degli investimenti...............111

    3.4.1 – Il ROI nei due esempi 113

    3.4.2 – Il ROE nei due esempi 115

    3.4.3 – Valutazioni finali.......................117

Conclusioni....................................121

Introduzione

L'investimento immobiliare rappresenta la forma di investimento che ha portato ad ottenere i maggiori guadagni a livello mondiale. Gli immobili infatti rappresentano una delle forme di capitale meno deteriorabili e rientrano tra i beni maggiormente valorizzati nei mercati globali. Solamente alcuni soggetti riescono però ad ottenere il successo atteso, in quanto molti individui basano la propria strategia di investimento solamente sul caso e sulla fortuna di riuscire ad acquistare l'immobile nel momento più opportuno.

In realtà per capire quale sia il momento migliore per effettuare l'investimento è necessario studiare approfonditamente il mercato, la tipologia di contratti presenti e svolgere accurate analisi costi-benefici che consentono di capire la fattibilità dell'operazione e la sua efficacia nel tempo.

L'investimento varia notevolmente anche a seconda dell'area nel quale l'immobile oggetto dell'operazione è situato. Naturalmente costi e guadagni variano se questo si trova nel centro storico di un'importante città oppure se si affaccia sulle spiagge più belle del pianeta. I costi possono lievitare, ma proporzionalmente i guadagni possono subire un notevole aumento. Per questo motivo è bene stendere un piano previsionale in grado di anticipare l'andamento del mercato, sulla base dell'analisi tendenziale effettuata sui prezzi storici degli immobili.

L'intera efficacia dell'investimento, dunque, dipende strettamente dalla capacità di leggere il mercato immobiliare, e dalle intuizioni che portano ad anticipare eventuali evoluzioni dei trend dei prezzi nelle varie regioni italiane o nei diversi Stati esteri.

Capitolo 1 – La valutazione dell'investimento in un immobile

La casa rappresenta per ciascuno un bene prezioso, un rifugio nel quale ci si sente protetti e al sicuro e al quale non si è disposti a rinunciare. Mettere da parte una discreta somma di denaro per poter fronteggiare la spesa per l'acquisto di una casa rappresenta uno degli obiettivi primari, soprattutto in un Paese come l'Italia, nel quale circa il 73% della popolazione possiede una casa di proprietà, registrando uno dei più alti valori in Europa e nel Mondo. Inoltre sono ubicate sul territorio nazionale anche oltre nove milioni di seconde case, che sottolineano l'amore degli italiani per gli investimenti immobiliari.

Dunque gli investimenti in immobili rappresentano uno degli investimenti preferiti da chi vuole far fruttare il proprio denaro. Tuttavia, anche il mercato immobiliare può subire delle fasi negative, per cui è necessario studiarne le tendenze e valutare quale sia il momento più opportuno per investire nel cosiddetto mattone. In passato si pensava che il valore degli immobili non potesse mai scendere oltre un certo limite, tuttavia l'economia ha subito negli anni varie fasi di crisi che hanno provocato l'abbassamento del valore delle case, comportando notevoli perdite per coloro che hanno venduto gli immobili precedentemente acquistati. In un solo decennio infatti il valore degli immobili è crollato in media fra il 15 e il 28% circa, a seconda del territorio e del mercato locale. Per contro però, al giorno d'oggi i prezzi hanno raggiunto valori molto bassi, che mai prima hanno toccato, facendo sì che sul mercato vi siano numerose occasioni di acquisti vantaggiosi.

Investire e dunque acquistare un immobile implica un incremento del proprio reddito, e l'immobile può essere utilizzato come abitazione, lasciato a disposizione e rivenduto nel momento più favorevole oppure locato. Il mercato immobiliare non può essere considerato privo di rischi, pertanto è necessario effettuare una valutazione accurata prima di impiegarvi i propri capitali.

1.1 – Lo studio e l'analisi dell'intero quartiere o della zona dell'immobile

Innanzitutto è necessario focalizzare la propria ricerca e la propria attenzione sulla zona in cui si intende investire, studiandone il mercato e le caratteristiche. Analizzare il target di abitanti, i prezzi delle case, la tipologia di edifici, può rivelarsi fondamentale per la scelta dell'immobile da acquistare. Capire se si tratta di un affare oppure no, è il primo passo per la scelta: non si deve scordare che nel mercato immobiliare gli affari si fanno al momento dell'acquisto e non al momento della vendita, motivo per cui è necessario valutare anche il soggetto venditore, per avere la certezza che non approfitti chiedendo un prezzo superiore rispetto a quello in linea con il mercato.

Inoltre, è necessario valutare i rischi connessi a tale mercato, che si caratterizza per una scarsa liquidità, a differenza del mercato finanziario. Tali rischi inoltre non sono facilmente identificabili, pertanto potrebbero non essere considerati nella valutazione dell'acquisto di un immobile.

1.1.1 – Immobile affittato e nuda proprietà

Se si vuole acquistare un immobile per andarci a vivere, scegliere un immobile già locato potrebbe essere una strada complicata, se invece si vuole fare un puro investimento se ne potrebbe ricavare una sicura plusvalenza nel medio lungo periodo quando arriverà il momento di vendere la casa. Infatti è possibile continuare a mantenere l'inquilino del precedente proprietario, che continuerà a pagare il canone di affitto.

Una scelta di questo tipo, potrebbe essere volta ad assicurarsi un immobile che sia produttivo, ma che in futuro possa essere destinato ad usi differenti, come ad esempio essere donato ai figli con un notevole risparmio sui costi di acquisto. Il prezzo al quale viene venduto un immobile occupato è notevolmente inferiore rispetto ad un immobile libero e disponibile, per questo motivo il valore di mercato ne viene influenzato, con diminuzioni dei prezzi che possono arrivare in certi casi anche intorno al 25%. Nonostante si possano esaminare dati a sostegno di tale diminuzione, non esistono veri e propri coefficienti di svalutazione degli immobili in locazione, ma la loro indisponibilità temporanea influenza negativamente l'attrattività di quel bene sul mercato immobiliare, rischiando di rimanere invenduto a lungo. Inoltre la svalutazione dipende anche dalla tipologia di contratto di locazione stipulato con l'inquilino, se i pagamenti del canone sono regolari, dalla durata residua.

Chi vende un immobile locato ha l'obbligo della buona fede, non deve cioè nascondere all'acquirente le informazioni relative all'inquilino, ingannandolo per indurlo ad acquistare.

Uno dei problemi che possono sorgere in caso di acquisto di un immobile occupato è che alla scadenza del contratto l'inquilino non voglia abbandonare l'immobile. In questo caso, non sempre è facile risolvere la situazione, ma vi sono due possibilità: l'intimazione e lo sfratto esecutivo. Prima di acquistare un immobile locato è dunque necessario effettuare tutte le dovute valutazioni.

Oltre agli immobili locati, vi è un'altra tipologia di immobili che possono rivelarsi dei veri affari: si tratta degli immobili occupati da usufruttuari, per i quali si acquista dunque la nuda proprietà.

Vendere un immobile in nuda proprietà significa venderne la proprietà ma continuare a viverci fino ad un determinato termine oppure fino al momento della morte, momento nel quale il diritto di usufrutto verrà meno e l'immobile sarà totalmente in possesso di colui che lo ha acquistato. Il vantaggio di acquistare un immobile di questo tipo risiede nel fatto che il prezzo è relativamente basso rispetto ad un immobile libero, in quanto il valore viene decurtato dell'usufrutto. In conseguenza a ciò, anche gli eventuali mutui richiesti per finanziare l'acquisto saranno di importi più bassi, con rate più ragionevoli. Inoltre il valore dell'immobile subisce una notevole rivalutazione alla fine del periodo di usufrutto, arrivando anche a duplicare il proprio valore. Il fatto di non poter disporre dell'immobile per un certo periodo di tempo può scoraggiare i potenziali acquirenti, che potrebbero preferire pagare un prezzo più elevato ma disporre dell'immobile fin dal principio. Per questo motivo anche per gli immobili in nuda proprietà è importante valutare ogni singolo aspetto prima di intraprendere questa tipologia di investimento.

1.2 – Il prezzo al metro quadro come metodo di valutazione principale

Il mercato immobiliare può essere differente a seconda della zona geografica, delle caratteristiche del territorio, dalla tipologia di immobili presenti e dal target di soggetti coinvolti. In Italia è possibile osservare notevoli differenze di prezzo negli immobili siti nelle grandi città rispetto a quelli dei piccoli centri o delle zone periferiche. A variare è il prezzo al metro quadro, che si presenta dunque come uno, forse il principale, dei metodi di valutazione del mercato immobiliare.

In passato gli investimenti immobiliari avvenivano seguendo gli impulsi più di quanto non avvenga ora: la crisi economica ha ridotto le disponibilità monetarie delle famiglie, che dunque valuteranno l'investimento più conveniente, sulla base del miglior prezzo rapportato alle caratteristiche dell'immobile. Tale crisi ha portato coloro che possiedono un immobile a decidere di aspettare il momento più opportuno per vendere, per evitare di svendere i propri immobili e subire notevoli perdite. A causa di ciò il mercato immobiliare ha subito un notevole rallentamento, dovuto all'incongruenza fra domanda e offerta.

Gli immobili possono essere venduti sulla base di due criteri, a corpo oppure a metro quadro. Nelle vendite a corpo viene fissato un prezzo a forfait per l'intero immobile, indipendentemente dalla metratura, determinato in base ad altri fattori quali ad esempio il prezzo di acquisto originario, l'inflazione, l'andamento del mercato locale, le condizioni dell'immobile. Nelle vendite al metro quadro invece viene fissato un prezzo per il singolo metro quadro che viene poi moltiplicato per la superficie totale dell'immobile, con gli abbattimenti previsti ad esempio per le terrazze e i balconi.

È importante capire se il prezzo al metro quadro richiesto è equo, e per fare ciò è possibile effettuare una stima delle tabelle dei valori al metro quadro degli immobili di un determinato comune, che varieranno a seconda che il fabbricato si trovi nel centro storico oppure in zone più distanti da esso, in condominio oppure in zone indipendenti, al piano strada oppure ai piani superiori.

1.2.1 – L'analisi dell'oscillazione dei prezzi del mercato immobiliare

Nonostante la recente crisi, il mercato immobiliare italiano si caratterizza per la presenza di fasi positive e fasi negative. Grazie a ciò, il dato relativo alla crescita di tale mercato è negli ultimi tempi in leggero aumento, pur registrando uno stallo nei primi mesi del 2019. L'oscillazione dei prezzi è comunque più contenuta rispetto agli ultimi anni a partire dal 2008.

L'oscillazione varia a seconda della zona geografica, da nord a sud, dalle grandi città ai piccoli centri. A nord si registrano valori in lieve crescita dei prezzi medi delle abitazioni, mentre al sud si registrano lievi oscillazioni al ribasso. Il centro si conferma invece in testa per i prezzi più alti di acquisto di immobili, che raggiungono valori intorno ai 2.300,00 euro al metro quadro. Nelle grandi città il prezzo medio è elevato, mentre è relativamente basso nei piccoli centri che non superano i 250.000 abitanti.

L'analisi dei dati fa presupporre agli esperti del mercato che la fase attuale del mercato immobiliare sia quella che precede la fase di ripresa caratterizzata dalla stabilità dei prezzi.

1.2.2 – L'analisi costi-benefici

L'analisi costi-benefici è una tecnica volta alla valutazione di progetti di investimento, che consiste nell'analisi di tutti i benefici e di tutti i costi strettamente connessi ad essi. Per questo è fondamentale capire se i benefici, come ad esempio i ricavi derivanti da una dato investimento, saranno in grado di superare i costi che dovranno essere sostenuti. Il metodo migliore per effettuare tale stima è la quantificazione in termini monetari di tali elementi.

L'analisi costi-benefici può essere applicata a qualsiasi tipo di mercato, da quello finanziario a quello immobiliare. Essa è sempre più un requisito essenziale per l'accesso da parte delle imprese o dei singoli soggetti ai Fondi Strutturali Europei per il finanziamento di grandi progetti.

Per effettuare un'efficiente analisi costi-benefici è necessario considerare l'ambito finanziario, l'ambito economico, analizzare il rapporto rischio-incertezza e dunque effettuare un'analisi multi criterio. Dunque prima di lanciarsi in un investimento è necessario valutarne la sostenibilità dal punto di vista finanziario. Per fare ciò è importante delineare l'orizzonte temporale del progetto di investimento, per analizzare i flussi dei costi e quelli dei benefici negli anni. L'analisi economica funge da aggiustamento per quella finanziaria, che consiste nella rettifica dei valori dei costi e dei ricavi in componenti economiche e sociali di costi-benefici. L'analisi del rapporto fra rischio e incertezza è necessaria per valutare la fattibilità economica e finanziaria dell'investimento. Tale analisi si basa sulla valutazione di alcuni indicatori fondamentali che consentono di analizzare il mercato. L'analisi multi-criterio è invece fondamentale per definire il peso specifico di ogni singolo obiettivo perseguito.

Dunque l'analisi costi-benefici applicata al mercato immobiliare è volta ad individuare i possibili investimenti e ad analizzarne i vantaggi e gli svantaggi, essendo così in grado di decidere se acquistare un determinato immobile oppure no, in relazione ai benefici che ne deriverebbero.

1.3 – Immobili residenziali o immobili commerciali?

Acquistare un immobile può rivelarsi un investimento molto vantaggioso, soprattutto se si intende renderli produttivi di reddito. Tuttavia, può rivelarsi difficile scegliere la tipologia di immobile da acquistare. Le due categorie principali di immobili sono rappresentate dagli immobili residenziali e dagli immobili commerciali. Tale classificazione viene effettuata dal Catasto.

Gli immobili residenziali sono quelli destinati ad uso abitativo privato, di civili abitazioni, oppure di case popolari o rurali. Gli immobili commerciali sono invece quelli destinati a locali commerciali per negozi, uffici o magazzini.

Quando si intende acquistare un immobile ad uso abitativo o commerciale, è necessario porre in atto una serie di adempimenti procedurali e fiscali, differenti a seconda della tipologia prescelta.

Prima di procedere all'acquisto è necessario in ogni caso effettuare tutte le dovute verifiche catastali e ipotecarie sull'immobile in questione, per scongiurare sorprese poco piacevoli in seguito. Per fare ciò è possibile rivolgersi alle Agenzie del Territorio oppure a delle agenzie specializzate, che saranno in grado di ricostruire la storia di quel determinato immobile verificandone eventuali pendenze o ipoteche gravanti. Dopo avere accertato che l'immobile è libero da gravami, è possibile procedere alla stipula di un contratto preliminare, con il quale si anticipano le volontà del venditore e dell'acquirente, al quale seguirà il vero e proprio atto di compravendita. Dopo la stipula, l'atto di compravendita redatto da un notaio deve essere registrato entro 20 giorni pagando l'imposta di registro e l'imposta di bollo.

Nel caso di acquisto di immobili residenziali, se ci sono i requisiti per usufruire delle agevolazioni prima casa l'imposta di registro sarà pari al 2% del valore catastale dell'immobile, indipendentemente dal valore dichiarato in atto. Se invece non si usufruisce delle agevolazioni prima casa, tale percentuale sale al 9%, se si tratta di una compravendita fra privati, in caso contrario la transazione sarà soggetta ad iva al 10%.

L'acquisto di un immobile ad uso commerciale invece può essere volto alla ricerca di un locale da destinare a negozio, ad ufficio o a magazzino, per lo svolgimento di un'attività commerciale. Le verifiche da fare per questo tipo di locali sono più ampie rispetto a quelle necessarie per quelli residenziali. È importante infatti verificare che l'immobile risponda ai requisiti igienico-sanitari necessari e che rispetti le norme relative alla sicurezza nei luoghi di lavoro.

Anche la tassazione della compravendita è differente rispetto a quella alla quale è soggetto un immobile residenziale. Se il venditore è un privato oppure l'impresa costruttrice che ha ultimato i lavori di costruzione o ristrutturazione da oltre 4 anni, allora la transazione è soggetta ad un'imposta di registro pari al 9% e non è soggetta ad Iva. Se invece il venditore è l'impresa che ha realizzato la costruzione oppure la ristrutturazione da meno di 4 anni, l'imposta di registro è in misura fissa, ma la transazione è soggetta ad Iva al 22%.

1.4 – Acquistare un immobile all'estero

Per motivi lavorativi o per motivi di svago, alcuni soggetti valutano l'acquisto di immobili all'estero. In questi casi tuttavia le procedure non sempre si rivelano semplici, in quanto è necessario attenersi alle leggi vigenti in materia di compravendite immobiliari dello Stato in cui si vogliono investire i propri capitali.

Per rendere più agevole l'acquisto, è consigliato rivolgersi ad una agenzia immobiliare locale, in modo tale da non rischiare di violare le norme e incorrere in sanzioni. Per avvalersi di tali intermediari è però necessario sostenere dei costi extra rispetto a quelli per la compravendita pura, ma alle volte tali costi non sono noti all'acquirente. Per il pagamento dell'immobile sarà possibile effettuare un bonifico internazionale, pagare in contanti oppure aprire un conto nello Stato in cui si intende acquistare.

Oltre agli adempimenti precedenti all'acquisto, possedere un immobile all'estero implica anche una serie di problematiche legate alla tassazione di tale tipologia di immobili, per evitare la doppia imposizione fiscale. Inoltre in Italia dovranno essere pagate le tasse relative a questi immobili, ossia l'Irpef e l'Ivie, che sostituisce l'Imu per gli immobili esteri.

È dunque fondamentale valutare al meglio la convenienza di acquistare immobili fuori dal territorio nazionale, per evitare di imbattersi in apparenti affari che poi potrebbero rivelarsi dei cattivi investimenti.

Capitolo 2 – Acquisto o locazione? La valutazione delle scelte sulla base dell'andamento del mercato

L'investimento nel settore immobiliare dunque deve essere il frutto di una lunga analisi svolta sia direttamente sull'immobile d'interesse che sul mercato. Il valore di un immobile dipende non solo dalla categoria ma anche dalla zona geografica nel quale lo stesso è situato.

L'analisi di mercato deve riguardare non solo l'andamento attuale ma deve basarsi anche su degli esami approfonditi che riguardano l'andamento nei mesi, o addirittura nell'anno, che precede l'acquisto e su previsioni che definiscano il più precisamente possibile quale possa essere il valore degli immobili in futuro.

Solamente una volta definito l'intero grafico immobiliare è possibile passare all'effettuazione di una seconda scelta, ossia quella di optare per l'acquisto vero e proprio o per la stipula di un contratto di locazione. Anche questa decisione, naturalmente, deve essere sottoposta ad ulteriori analisi per capire la vera convenienza. Entrambe le decisioni comportano situazioni vantaggiose e situazione svantaggiose. Molto dipende dalla propensione al rischio posseduta dal soggetto che intende effettuare l'investimento.

2.1 – I prezzi storici degli immobili

Il primo passo concreto verso un investimento immobiliare che si riveli efficiente è dunque rappresentato dall'analisi delle serie storiche dei prezzi degli immobili. Capire quale sia stato il trend che ha caratterizzato il mercato per un periodo medio-lungo è importante per intuire quale sia il trend attuale e capire se è effettivamente conveniente investire o meno.

Naturalmente se il mercato ha mantenuto livelli di prezzo piuttosto bassi durante tutto il periodo precedente, mentre recentemente ha evidenziato un trend dei prezzi al rialzo, allora per un soggetto è conveniente attendere piuttosto che acquistare un immobile ad un costo eccessivo per il suo valore; tuttavia allo stesso tempo la tendenza al rialzo dei prezzi dei fabbricati potrebbe proseguire e in questo senso effettuare l'investimento potrebbe risultare conveniente, anche se non ci si trova nel periodo migliore in assoluto.

Viceversa, se il mercato mostra un periodo caratterizzato da prezzi degli immobili che oscillano su valori medio-alti, con un successivo intervallo di tempo caratterizzato da un trend ribassista che accompagna il mercato fino al momento dell'investimento, allora per un soggetto diviene importante approfittare della situazione, in quanto si presume che i prezzi abbiano raggiunto nuovi livelli di minimi relativi o di minimi assoluti, acquistando il fabbricato e realizzando l'investimento. In realtà però il trend potrebbe proseguire nel suo andamento al ribasso raggiungendo punti di minimi ancora più bassi, rendendo in questo modo l'investimento sconveniente.

Avere chiara l'immagine grafica dell'oscillazione del mercato nel periodo precedente è fondamentale anche per un altro motivo. Infatti è possibile studiare in maniera approfondita quali siano gli avvenimenti sociali, politici ed economici che possono determinare una variazione tendenziale. In questo modo i soggetti hanno la possibilità di anticipare il mercato, effettuando le proprie scelte sulla base delle analisi realizzate.

Gli eventi che maggiormente influenzano il mercato immobiliare sono quelli politici. Gli annunci del governo, in relazione alla disoccupazione, al welfare nazionale o a qualsiasi altro elemento in grado di influenzare l'intera economia, provocano reazioni del mercato immediate.

Per questo può essere importante segnare in un calendario tutti gli appuntamenti dei personaggi pubblici durante i quali è possibile che venga annunciato al popolo qualcosa di rilevante in questo senso.

2.1.1 – L'andamento attuale del mercato

Una volta studiati gli andamenti tendenziali passati, è possibile definire in modo più accurato quale sia l'esatta situazione nella quale si trova il mercato immobiliare. L'andamento attuale deve essere analizzato in maniera ancora più approfondita proprio in quanto consente di effettuare le dovute previsioni sull'evoluzione del trend.

Il valore dei fabbricati è in costante evoluzione e sottoposto ad una oscillazione continua che non consente di individuare quale sia il vero trend dominante in un esatto momento. Per poterlo definire, naturalmente, vi è la necessità di osservare l'evoluzione in un intervallo temporale più ampio. A partire dalla fine del 2018 il mercato immobiliare ha evidenziato un forte andamento tendenziale al ribasso. I prezzi degli immobili, specialmente nel mese di dicembre 2018 ma anche successivamente, hanno registrato valori di minimi assoluti, ma il trend non pare abbia volontà di rallentare il suo percorso o di invertire il proprio andamento. In realtà, osservando attentamente il mercato, è facilmente intuibile come il prezzo medio degli immobili abbia cavalcato questa tendenza già da oltre due anni. La forza mostrata nell'ultimo periodo potrebbe essere intesa come un campanello d'allarme, che potrebbe portare ad un'improvvisa impennata nel livello dei prezzi.

Per questo motivo investire per tutto l'anno 2019 potrebbe rivelarsi davvero una mossa vincente, ma il rischio di veder crollare ancora una volta i prezzi degli immobili è vivo e pertanto è necessario fare affidamento alla propria propensione al rischio.

Ma definire il trend primario del mercato significa anche essere in grado di valutare quale sia la scelta migliore per le proprie esigenze e per le proprie finanze: acquistare la casa oppure stipulare un contratto di locazione?

2.2 – Stipulare un contratto di mutuo conviene?

Il mutuo rappresenta l'elemento che la maggior parte delle famiglie temono, a causa dei suoi effetti devastanti sui loro redditi. In realtà il mutuo è una delle modalità di pagamento che meglio consentono la rateizzazione di un investimento piuttosto ingente, come l'acquisto di un immobile, in un periodo di tempo piuttosto lungo, che varia dai dieci a trenta anni a seconda delle caratteristiche del contraente. Il costo di questa possibilità che un ente creditizio come la banca concede ad un soggetto privato è il pagamento degli interessi passivi, che vanno ad incrementare l'ammontare delle singole rate dovute.

Le problematiche principali che incidono negativamente sul mutuo, però, non sono gli interessi, ma tutti i costi legati alla stipula di un contratto finanziario di questo tipo. Infatti la firma dell'atto viene preceduta da una serie di attività e di servizi che richiedono una ingente spesa. Il primo servizio è sicuramente quello del notaio, il cui costo, tra atto di acquisto dell'abitazione e atto del mutuo, varia tra i 3.000 e i 6.000 Euro. Sempre più spesso viene richiesto l'intervento di un mediatore che opera per nome dell'agenzia immobiliare che, una volta svolta la sua mansione, può chiedere un compenso che può arrivare a 4.000 Euro. Ma anche l'Erario vuole la sua parte e per l'acquisto di un immobile il legislatore ha fissato il pagamento di un'imposta di bollo, che ha un valore di un ammontare pari al 2% del costo dell'acquisto dell'immobile nel caso in cui il fabbricato verrà utilizzato come abitazione principale, anche a seguito del periodo di restauro, oppure pari al 9% nel caso contrario.

A queste uscite devono essere aggiunte quelle relative al periodo successivo all'acquisto, ossia tutte quelle spese necessarie per ristrutturare e arredare l'immobile.

Dunque per un investimento del valore di 100.000 Euro è necessario anticipare spese per un ammontare pari a circa 30.000 Euro. È bene valutare bene questa problematica prima di imbarcarsi definitivamente in un investimento immobiliare, definendo tutti i pro e tutti i contro dell'affare.

2.2.1 – I vantaggi

Il principale vantaggio di un acquisto di un immobile mediante stipula di un contratto di mutuo è che l'immobile, una volta terminato il pagamento rateale, diventa a tutti gli effetti di proprietà dell'acquirente. Questo immobile, oltre a garantire un possibile reddito futuro, andrà dunque ad incrementare il patrimonio di tale soggetto.

Il secondo vantaggio invece è quello che i soldi destinabili al pagamento del canone di locazione sono praticamente destinati al pagamento della rata semestrale del mutuo e a quello degli interessi ad essa relativi. I prezzi dei canoni di locazione, infatti, hanno mostrato un trend al rialzo da diversi anni che non accenna ad esaurire la propria forza: la differenza quindi con la rata del mutuo è oramai davvero minima.

Infine il terzo vantaggio è che l'immobile di proprietà, sia esso da ristrutturare che da costruire, è modificabile secondo i propri gusti. Si tratta di un vantaggio da non sottovalutare, in quanto vivere in una casa che non piace può ridurre notevolmente il proprio benessere individuale e familiare. Specialmente nelle case totalmente da edificare, la possibilità di arredare, progettare e migliorare è praticamente assoluta.

Se adibito ad abitazione principale, in Italia, l'immobile è esente dal pagamento di qualsiasi imposta, sia comunale sia nazionale, essendo l'abitazione principale deducibile anche del reddito imponibile ai fini IRPEF. Questo rappresenta un grosso vantaggio per tutti quei soggetti che decidono di investire nel settore immobiliare per migliorare il proprio futuro e non per individuare un metodo che consenta di diversificare le proprie fonti di reddito. In quest'ultimo caso, infatti, il fabbricato sarà sottoposto al calcolo delle imposte dovute all'Erario.

2.2.2 – Gli svantaggi

La problematica più grande in relazione alla stipula di un contratto di mutuo risiede nelle difficoltà lavorative presenti nella società attuale. Sempre più lavoratori, infatti, sono esposti ad un rischio licenziamento, dovuto alla mancata capacità delle imprese di adeguare la propria produttività alla domanda di mercato. Se il contratto di mutuo è già stato stipulato e il soggetto ha subito un licenziamento, la banca non esiterà, con il progredire dei mancati pagamenti delle rate dovute, a riprendersi l'immobile. Viceversa, nel caso in cui il lavoratore mostra una situazione precaria già prima della stipula del contratto e dell'acquisto del fabbricato, la banca non assegnerà il mutuo oppure chiederà maggiori garanzie, in modo tale da assicurarsi il pagamento delle rate dovute per l'intero periodo.

Un secondo svantaggio invece riguarda la necessità di effettuare tutte le riparazioni o semplici manutenzioni che la casa e tutti gli impianti presenti in essa richiedono. Questi costi spetterebbero in capo al proprietario della casa, nel caso in cui si fosse optato per la stipula di un contratto di locazione e non per l'acquisto. I lavori possono portare a oneri più o meno elevati, ma sono comunque uscite che è necessario preventivare, prima di scegliere in modo definitivo quale sia il contratto più adatto per le proprie esigenze.

La terza caratteristica negativa è che l'immobile rimane di proprietà della banca fino al momento in cui non viene pagata l'ultima rata del mutuo. Per l'Erario però tutte le imposte relative al possesso dell'immobile sono da imputare al soggetto acquirente e non alla banca, in quanto usufruttuario per l'intero periodo di pagamento. Questo significa dunque trovarsi in mezzo a due fuochi: da una parte la banca che pretende il versamento semestrale, bimestrale o mensile delle rate dovute, dall'altro lo Stato che invece pretende il pagamento delle imposte calcolate sulla base della rendita e della categoria catastale dell'immobile.

2.3 – L'affitto come opzione meno rischiosa

Sotto diversi aspetti la stipula di un contratto di locazione risulta essere decisamente meno rischiosa, sia in quanto consente di legarsi all'immobile per un periodo eccessivamente lungo, sia in quanto il locatario non è soggetto al pagamento delle imposte e al pagamento delle rata nei confronti degli enti creditizi.

Ciò che però è necessario sapere è che, osservando i prezzi storici dei canoni di locazione per metro quadro di abitazione, essi mostrano tutt'oggi una forte tendenza al rialzo. Questo è dovuto principalmente alla enorme domanda presente sul mercato: basti pensare a tutti gli studenti universitari fuori sede che intendono stipulare un contratto di locazione per poter seguire le lezioni e sostenere gli esami durante l'intero anno accademico. Dunque una rata di affitto attuale corrisponde quasi ad una rata mensile del mutuo, senza però avere il vantaggio della proprietà dell'immobile, che rimane totalmente in capo al locatore.

È necessario però effettuare una distinzione a seconda della zona geografica in cui l'immobile è sito. Questo incremento di prezzo è infatti ben visibile in tutte le grandi città, specialmente nei pressi delle università o nelle vicinanze di luoghi di lavoro pubblici o di grandi aziende, e nei luoghi turistici. Specialmente nelle zone vicine al mare i canoni di locazione subiscono un boom dei prezzi nel periodo estivo, mentre nel resto dell'anno mostrano un andamento dei prezzi che si mantiene su livelli medio-bassi. È dunque importante individuare l'immobile giusto da prendere in affitto a seconda delle proprie esigenze, del luogo in cui lo stesso è sito e dell'indice di gradimento, specialmente estetico, che si ha su di esso.

2.3.1 – I vantaggi

Il maggior vantaggio della stipula di un contratto di locazione è rappresentato dalla possibilità di svincolarsi dall'obbligazione contrattuale in qualsiasi momento, rispettando naturalmente le clausole definite in sede di trattativa. Il locatario dunque gode di una maggiore libertà rispetto all'acquirente, e pertanto la scelta di andare a vivere in un'abitazione in affitto risulta essere molto meno pesante rispetto alla scelta di stipulare un mutuo.

In secondo luogo il locatario non ha ulteriori spese oltre a quelle del canone mensile, dell'eventuale condominio e delle spese vive, ossia quelle relative al pagamento dell'energia elettrica, del gas, del riscaldamento e dell'acqua. Eventuali problematiche relative alla rottura o al mal funzionamento dei vari impianti, di oggetti o di qualsiasi altra cosa presente all'interno dell'abitazione oggetto della locazione spettano infatti al proprietario dell'immobile, sul quale il locatario può rifarsi in qualsiasi momento.

In un certo senso, ed entro certi limiti, l'appartamento potrà essere arredato o migliorato, in totale accordo con il proprietario, rendendo l'immobile più adeguato ai propri gusti. Ogni lavoro di questo genere, naturalmente, deve essere pagato dal locatario.

Un vantaggio lo offre anche il fisco che consente di portare in detrazione la locazione a prescindere dall'importo pagato mensilmente. Infatti all'individuo, in sede di dichiarazione di redditi, spetta un'agevolazione di questo tipo, tenendo in considerazione solamente la percentuale di titolarità del contratto di locazione dell'dell'immobile e il numero di giorni locati nell'anno fiscale di riferimento.

2.3.2 – Gli svantaggi

Il problema principale nella stipula di un contratto di locazione è che l'immobile non potrà mai diventare di proprietà del locatario, rimanendo sempre nella disponibilità patrimoniale del locatore. Dunque, anche svolgendo lavori di ristrutturazione dopo aver ottenuto la concessione del legittimo proprietario, l'immobile, una volta risolto il contratto o non prorogato alla scadenza, tornerà a disposizione del locatore.

Il secondo svantaggio è rappresentato invece dall'evoluzione dei prezzi delle locazioni negli ultimi anni. Osservando il mercato, infatti, è possibile notare come i prezzi storici abbiano intrapreso da decenni un trend al rialzo, specialmente nelle località turistiche e nelle città universitarie. Questo andamento eccezionale del mercato ha portato i prezzi degli affitti ad avvicinarsi all'ammontare delle rate mensili dei mutui passivi. Il motivo principale che ha causato la formazione di questo trend è da ricercare nell'alta domanda che caratterizza il mercato. Un numero sempre maggiore di studenti, infatti, si iscrive ogni anno all'Università, tanti altri prolungano i loro studi in corsi specialistici o in master, altri ancora non concludono in tempo il loro ciclo di studi e sono costretti a prolungare i contratti di locazione. Anche la disoccupazione ha influenzato notevolmente il mercato delle locazioni, in quanto molti individui, pur di trovare un posto fisso, hanno accettato trasferimenti in zone lontane, specialmente dal sud verso il nord della penisola italiana. Infine, il raggiungimento di alti livelli della curva di domanda è dato dalla ricerca di abitazioni in affitto per il periodo di ferie. Proprio durante la stagione estiva e durante quella invernale i prezzi delle abitazioni schizzano a livelli altissimi, raggiungendo canoni settimanali pari o addirittura superiori ai valori dei canoni mensili standard presenti nel resto dell'anno.

Un ulteriore svantaggio è la possibilità che il proprietario dell'immobile, a seconda della decisione intrapresa, possa chiedere al locatario di abbandonare la casa entro un periodo massimo di sei mesi dalla data della comunicazione. Si tratta di una prerogativa legata al possesso dell'immobile. Il tempo di preavviso è necessario per lasciare al locatario la possibilità di cercare nuovi appartamenti nel periodo che precede l'abbandono della casa. Si tratta però di uno svantaggio in quanto il locatario non sarà mai sicuro di vivere per sempre in quella determinata abitazione, proprio perché non è sua. La comunicazione potrà arrivare in qualsiasi momento, a prescindere dagli accordi raggiunti durante le normali trattative contrattuali.

2.4 – Leasing immobiliare come alternativa al mutuo e all'affitto

L'alternativa a queste due opzioni è rappresentata da una nuova modalità di acquisto dell'abitazione introdotta di recente nella legislazione italiana. Si tratta di un'operazione nota come leasing immobiliare, che appare molto simile alle operazioni legate all'acquisto delle autovetture.

Il funzionamento di questa modalità di acquisto è abbastanza semplice. L'ente creditizio, generalmente la banca, si impegna ad acquistare un determinato immobile al prezzo di mercato. Tale immobile viene concesso al locatario, che è tenuto al pagamento di un canone mensile comprensivo di interessi, che possono essere a tasso fisso, a tasso variabile o a tasso agevolato, a seconda dei requisiti posseduti e a seconda della volontà delle parti. Tale pagamento mensile può essere protratto per un periodo che va dai 15 anni ai 30 anni. Naturalmente più è ampio l'intervallo di tempo e minore è l'importo delle rate, ma maggiore sarà l'introito per l'ente creditizio degli interessi in esse compresi; viceversa un leasing immobiliare di durata relativamente breve sarà caratterizzato da importi rateali elevati e, in proporzione, meno interessi.

Durante la fase di trattative l'ente creditizio e il soggetto privato devono individuare il prezzo che quest'ultimo dovrà pagare al termine del periodo di rateazione, in modo tale da ottenere l'intera proprietà dell'immobile. La cosiddetta maxi-rata finale ha lo scopo di raggiungere l'intero valore dell'immobile. La banca otterrà così un guadagno superiore rispetto al prezzo pagato inizialmente, proprio a causa della presenza degli interessi; il soggetto, invece, otterrà benefici dal pagamento rateale e potrà godere della proprietà dell'immobile al termine del leasing concordato.

2.4.1. – Le agevolazioni fiscali nel 2019 per il leasing immobiliare

Proprio come il mutuo e come il canone di locazione, anche il leasing immobiliare gode di agevolazioni sotto il punto di vista fiscale. In sede di dichiarazione dei redditi, infatti, è possibile portare in detrazione il 19% degli importi periodici pagati alle banche, se si possiedono tutti i requisiti previsti dalla legge, in primis quello di avere al massimo 35 anni di età e quello di non superare un reddito annuale di 55.000 Euro.

Per coloro i quali superano l'età prevista per ottenere questa agevolazione è comunque possibile detrarre i canoni con modalità simili a quelle previste per la detrazione degli interessi passivi relativi al mutuo per l'acquisto o la costruzione dell'abitazione principale.

In questo modo il legislatore ha voluto fortemente creare un'alternativa valida all'interno del mercato che consentisse agli individui di ottenere una modalità di acquisto che si collocasse esattamente a metà tra la stipula di un mutuo vero e proprio e la stipula di un contratto di locazione.

Proprio per questo motivo, e anche grazie agli incentivi fiscali presenti, il leasing immobiliare è divenuto uno dei contratti maggiormente stipulati negli ultimi anni.

Capitolo 3 – Investire nel mercato immobiliare: due simulazioni

L'investimento immobiliare, se frutto di una strategia e di un'analisi ben precisa effettuata sul mercato, può dunque portare notevoli benefici. Al contrario di quanto si possa pensare la maggior parte dei soggetti che hanno ottenuto successo in questo campo è riuscita a raggiungere i propri obiettivi senza essere in possesso di alcun tipo di patrimonio iniziale, specialmente terreni o fabbricati.

Analizzare il mercato però non è semplice. Molto dipende dalla capacità di intuire le evoluzioni future del mercato, ma questa intuizione può essere adeguata solamente se vengono analizzati i prezzi storici del mercato e vengano realizzate le varie ipotesi previsionali, optando per quella maggiormente realistica e possibile. L'analisi dunque deve essere totale, deve tentare di tenere conto di ogni variabile, senza sottovalutare alcun elemento, e soprattutto deve essere esaustiva e mirata ad un determinato obiettivo.

È possibile svolgere questo passaggio anche affidandosi ad un esperto. Si tratta di un piccolo investimento che anticipa l'acquisto dell'immobile, ma che offre una maggiore garanzia sia sulla qualità dell'analisi che sulla quantità delle informazioni economiche, sociali e politiche raccolte in un tempo decisamente più ridotto rispetto a quello che si impiegherebbe svolgendo tutti gli studi necessari in prima persona.

3.1 – Premesse: cosa è fondamentale non escludere nella valutazione di convenienza

Esiste una sorta di gerarchia informativa sulla quale fondare la propria analisi sul mercato immobiliare.

Naturalmente è fondamentale non escludere dalla propria valutazione la definizione del trend primario che sta caratterizzando il mercato. Riuscire a compiere questo primo passo richiede impegno e molto tempo, in quanto un trend è individuabile solamente dopo aver studiato i prezzi storici del mercato e definito i tempi di oscillazione delle curve dei prezzi, a seconda del luogo geografico nel quale è situato l'immobile.

Una volta individuato il trend è necessario valutarne la forza. Il mercato immobiliare attuale è nel bel mezzo di un trend positivo, ancora dotato di una buona intensità e dunque destinato a durare almeno nel medio periodo. È importante però capire quale possa essere il momento favorevole per investire, ossia l'attimo in cui i prezzi al metro quadro scendono, in modo tale da ottimizzare il proprio investimento.

È necessario allo stesso tempo non perdere mai di vista il mercato relativo al prezzo degli immobili offerti in locazione, in quanto a seconda del genere di investimento che si vuole attuare, il guadagno nel lungo periodo può dipendere anche da questo. Un investimento immobiliare può infatti prevedere l'acquisto di un immobile, al minor prezzo possibile, e il riutilizzo dello stesso come fonte di guadagno, inserendolo nel mercato degli immobili in locazione, al fine di ottenere il più alto canone mensile possibile. Naturalmente la valutazione non si basa solamente sul costo dell'immobile, ma deve comprendere anche tutte le spese successive alla fase di compravendita. Un immobile infatti dovrà essere per forza di cose arredato, ristrutturato oppure rinnovato. Per questo l'analisi costi-benefici si pone come base fondamentale sulla quale basare l'intera operazione di investimento.

Al fine di valutare le proprie scelte immobiliari è possibile inoltre affidarsi ad alcuni indicatori statistici ed economici, in grado di offrire dati obiettivi e reali della situazione, sulla base del capitale posseduto e del valore dell'investimento.

Ciò che invece è possibile escludere sono tutte le informazioni derivanti da realtà non ufficiali, che possono introdurre ad errori nella valutazione. Le notizie lette sul web e nei telegiornali devono essere infatti prese con le pinze, sia perché rappresentano solo degli aspetti di concetti molto più ampi, sia perché possono essere riferite a realtà differenti da quella in cui ci si trova, oppure perché potrebbe trattarsi di vere e proprie fake news. Per questo motivo è necessario affidarsi solamente a fonti ufficiali garantite, in grado di dare all'acquirente la sicurezza di cui necessita.

Per facilitare la comprensione di un investimento immobiliare vero e proprio si propongono due esempi, il primo relativo all'acquisto di un immobile in una cittadina universitaria, il secondo che fa invece riferimento all'acquisto di un fabbricato sito in una località turistica.

3.2 – Esempio 1: l'acquisto di un immobile nei pressi dell'Università

L'acquisto di un immobile può avvenire in una città importante, in un'area situata nelle vicinanze di centri universitari e di sedi di importanti società di livello nazionale o internazionale.

Generalmente queste aree sono molto ben collegate con il resto della città, in quanto negli ultimi decenni si è cercato di migliorare i collegamenti interni, facilitando gli spostamenti degli studenti da e verso l'area universitaria e da e verso il centro della città. Proprio per questo motivo il prezzo al metro quadro degli immobili messi in vendita in queste aree tende a salire notevolmente rispetto alle altre zone cittadine.

La vicinanza ad una stazione della metropolitana o ad una fermata dei bus fa lievitare il prezzo, in quanto l'immobile consente di usufruire con maggiore facilità dei servizi cittadini, consentendo di risparmiare tempo prezioso agli inquilini. È dunque importante scegliere la zona nella quale si intende acquistare prima di scegliere l'immobile ed è altrettanto importante delineare i limiti di quest'area, in modo tale da focalizzarsi nella ricerca nei quartieri compresi in quest'area. Effettuare una delimitazione troppo stringente può portare a risultati eccessivamente scarni e alla mancanza di alternative valide; viceversa allargare troppo l'area di ricerca può portare all'esclusione di immobili che invece potrebbero dimostrarsi perfetti per lo scopo perseguito.

Anche in questo caso bisogna comunque valutare tutti i costi iniziali legati all'operazione di investimento immobiliare che si intende mettere in atto e definire i possibili guadagni futuri, in modo totalmente realistico, in modo tale da ottenere un quadro generico della situazione economico-finanziaria dell'investimento.

3.2.1 – Tutti i costi connessi all'acquisto

L'acquisto di un immobile che possa arrecare benefici futuri deve essere effettuato nel caso in cui il prezzo a metro quadro non superi i 1.500 Euro. Tale prezzo si abbassa notevolmente nel caso in cui il fabbricato necessiti di interventi di ristrutturazione, non eccessivi, che il soggetto è tenuto a valutare in prima persona, in modo tale da giudicarne la fattibilità. Le spese per la ristrutturazione non devono superare i 10.00 Euro per essere effettivamente convenienti. Ciò significa che tutti gli impianti presenti nell'immobile non devono essere compromessi, altrimenti si rischia di incrementare notevolmente i costi post-compravendita.

Una volta ristrutturato, l'immobile deve essere arredato. La mobilia richiesta dagli studenti universitari è piuttosto spartana. Non devono però mancare scrivanie spaziose ed eleganti, che consentano di lavorare al meglio sui libri o sui progetti.

Generalmente il costo dell'arredamento non deve superare i 7.000 Euro per poter essere definito vantaggioso per l'operazione effettuata.

Naturalmente tutte queste spese sono sostenibili solamente stipulando un contratto di mutuo finanziario, in grado di riproporzionare i costi, dilazionandoli in diverse rate annuali. Il mercato immobiliare consente di ottenere tassi di interesse relativamente bassi, che gli enti creditizi non possono concedere in nessun altro genere di mercato.

Attraverso la stipula del mutuo, la banca garantirà il pagamento immediato di una percentuale dell'immobile, compresa generalmente tra il 70 e il 90% del costo totale. La stipula del contratto di mutuo, però, è sempre accompagnata da una perizia effettuata direttamente dalla banca e a carico dell'acquirente, e dalle spese di istruttoria, che comportano un incremento dei costi di circa 1.500 Euro.

La stipula del mutuo è inoltre legata ad altri costi, dei quali solo uno è in realtà obbligatorio. Le assicurazioni proposte dall'ente creditizio fanno riferimento non solo all'immobile oggetto dell'atto di compravendita, ma anche al rischio morte e all'"invalidità permanente. Queste ultime due assicurazioni sono dunque facoltative ma è bene non essere eccessivamente avari sotto questo punto di vista, stipulando almeno un'altra polizza oltre a quella obbligatoria. Il costo, in un mutuo di durata ventennale, può variare dai 4.500 Euro agli 8.000 Euro a seconda del numero di assicurazioni per cui si è optato. Queste uscite, naturalmente, devono essere spalmate per l'intera durata del contratto di mutuo e il pagamento non è richiesto in un'unica soluzione.

Ulteriori costi sono invece quelli relativi alla stipula dell'atto di compravendita e all'atto di mutuo vero e proprio. Gli studi notarili per compiere questi servizi richiedono costi che si aggirano intorno ai 4.000 Euro. Se, per mancanza di tempo o semplicemente per comodità, si è deciso di affidare la ricerca dell'immobile ad un'agenzia immobiliare specializzata, allora anche il suo servizio dovrà essere fatto rientrare tra i costi connessi all'acquisto. Generalmente un'agenzia di questo tipo chiede un costo pari ad una percentuale del valore dell'atto di compravendita, che si aggira intorno al 6%.

Infine è necessario considerare l'imposta di registro. Esistono sul web tantissimi programmi che possono aiutare a calcolare l'imposta di registro dovuta a seconda della categoria e della rendita catastale posseduta dall'immobile, del numero di immobili posseduti dall'acquirente e della zona geografica in cui il fabbricato oggetto della compravendita è situato. Il costo è comunque, in media, pari al 9% del valore dell'immobile, ma può variare sia in più che in meno rispetto al valore ottenuto calcolando la percentuale.

L'indicazione di tutti questi costi serve per comprendere che il costo di un immobile non è solamente riferito al suo valore, ma fa riferimento anche a tutte le altre spese ad esso connesso. Per un immobile da ristrutturare sito in un'area vicino all'Università o comunque in una zona che offre ottimi collegamenti verso e da essa, le spese connesse superano il valore dell'immobile. In totale, se il valore indicato nell'atto di compravendita è di 50.000 Euro, il costo totale può arrivare anche i 110.000 o 120.000 Euro. È dunque importante valutare bene la fattibilità dell'investimento e la capacità di sostenerlo sia nelle fasi iniziali che successivamente, durante la fase di pagamento delle rate del mutuo.

3.2.2 – I guadagni futuri ottenibili

I costi connessi all'acquisto di un immobile, dunque, fanno lievitare l'ammontare delle uscite e l'investimento può trasformarsi da occasione a fallimento. Naturalmente ogni investimento richiede un esborso iniziale che poi si tradurrà in un possibile guadagno futuro, che può derivare essenzialmente da due modalità.

L'acquirente, una volta terminati tutti i lavori di ristrutturazione e una volta conclusa la fase di arredamento dell'immobile, può passare alla fase successiva dell'investimento, ossia il guadagno.

Ogni vano, escluso il bagno, la cucina ed eventuali ripostigli, possono essere locati a soggetti differenti, essendo una casa messa a disposizione di studenti universitari. Ciò significa che il guadagno mensile può variare dai 200 Euro ai 500 Euro per ogni locatario. L'acquirente, oramai locatore, dovrà dunque rendersi disponibile, specialmente nella fasi iniziali, per colmare tutte le lacune dell'immobile e per dimostrarsi efficiente agli occhi degli studenti. Se l'immobile era composto da tre vani, oltre alle stanze non affittabili, di cui uno molto ampio, è possibile ottenere, in una grande città, circa 1.500 Euro al mese. La stanza più ampia potrebbe infatti essere considerata una camera doppia, una soluzione che permette agli studenti che accettano questa disposizione di risparmiare sul canone mensile e allo stesso tempo consente al locatore di ottenere un surplus monetario da un solo vano.

La locazione dunque può far fruttare l'investimento effettuato, prima compensando tutte le uscite e poi portando ad un guadagno pulito, dal quale dovranno essere sottratte le imposte. Se si opta per la tassazione ordinaria del reddito prodotto da un contratto di locazione, l'ammontare del profitto annuale, decurtato del 5%, andrà a incidere direttamente sul reddito imponibile ai fini IRPEF e tassato secondo gli scaglioni previsti dalle norme tributarie vigenti. Viceversa se si opta per una tassazione separata e per l'adozione del regime della cedolare secca, allora sull'intero reddito annuo ottenuto dalla locazione si applica un imposta fissa del 21%. Si tratta dunque di un'agevolazione fiscale, in quanto il primo scaglione IRPEF ha un'aliquota del 23%, superiore all'aliquota prevista nella tassazione separata.

La seconda modalità di guadagno fa invece riferimento ad un'attività continua di acquisto e vendita degli immobili. In questo modo si tenta di incrementare sempre più l'ammontare delle plusvalenze, dato dalla differenza tra il costo di acquisto e quello di vendita. Il surplus economico è generato dalla capacità di un soggetto di acquistare gli immobili presenti sul mercato quando il livello dei prezzi è relativamente basso e di rivenderlo quando la curva tendenziale attraversa fasi rialziste.

Altri soggetti decidono invece di acquistare fabbricati completamente da ristrutturare, i cui prezzi sono decisamente inferiori rispetto a tutti gli altri immobili presenti sul mercato. Una volta riportata a nuovo, sia dal punto di vista strutturale che da quello normativo, arredata e sistemata l'abitazione potrà essere rivenduta a prezzi decisamente più alti, alla pari o addirittura superiori rispetto a quelli riferiti agli altri immobili in vendita sul mercato provinciale e regionale. Questo metodo di guadagno richiede però continue spese e consente di ottenere un vero e proprio beneficio solamente dopo aver acquistato e rivenduto almeno cinque immobili. Inoltre, i lavori di ristrutturazione richiedono tempi talvolta anche molto lunghi, provocando un rinvio della vendita dell'immobile e, di conseguenza, posticipando il raggiungimento dei guadagni.

In ogni caso questo genere di strategia richiede molto tempo per l'analisi del mercato, che deve essere necessariamente approfondita per poter ottimizzare i guadagni.

3.3 – Esempio 2: l'acquisto di un immobile in una località turistica marittima

Il secondo esempio riguarda l'acquisto di un immobile situato nelle vicinanze di una zona costiera marittima molto gradita e nota a livello turistico, specialmente durante i mesi estivi. In Italia moltissime zone costiere sono apprezzate per la loro bellezza paesaggistica, per la vita notturna o per la storia legata alla loro terra. A partire dal mese di aprile fino a quello di settembre inoltrato, dunque, milioni di individui viaggiano per raggiungere la meta scelta per trascorrere le proprie ferie. Durante questi periodi i prezzi delle locazioni per metro quadro di abitazione schizzano alle stelle, generando elevati introiti per i possessori degli immobili.

Dunque l'acquisto di un immobile in una zona costiera turistica appare un investimento decisamente vantaggioso, a prescindere dalla grandezza dell'abitazione. Infatti, generalmente, gli immobili situati in queste aree possiedono una superficie in metri quadri decisamente inferiore rispetto a quelle presenti nelle grandi città. Il motivo è che molti di questi immobili sono stati costruiti proprio per fini turistici e non per trascorrervi la vita quotidiana. Una famiglia che decide di andare in vacanza al mare, spesso decide di prendere in affitto un appartamento piuttosto che pagare un hotel, sia per una questione economica che per massimizzare il proprio benessere, godendo di maggiore libertà e di maggiore spensieratezza, disponendo di tutti gli elettrodomestici e di tutte le comodità presenti in qualsiasi altra abitazione.

Dunque un soggetto che decide di locare il proprio immobile per i mesi estivi può ottenere davvero grandi vantaggi economici e far fruttare al massimo l'investimento effettuato nel settore immobiliare.

Allo stesso tempo è importante valutare in modo adeguato le spese che una locazione di questo genere può richiedere. Anche in questo caso l'analisi costi-benefici può agevolare decisamente la decisione da prendere, inglobando tutti i rischi e le probabilità di guadagno presenti in questa porzione del mercato immobiliare.

Al giorno d'oggi acquistare un immobile vicino al lungomare è molto complicato, sia perché i proprietari non lo cedono, sia perché i prezzi delle abitazioni sono veramente molto elevati, anche per quelli di piccole dimensioni. Allontanandosi dalle spiagge, invece, i prezzi diventano leggermente più ragionevoli e più accessibili, creando maggiori possibilità di acquisto.

3.3.1 – Le spese successive all'investimento

Le spese connesse all'acquisto di un immobile situato in una zona costiera sono simili a quelle previste per l'acquisto di un immobile situato in una zona cittadina favorevole. L'investimento sarà però sicuramente superiore rispetto a quello precedente, nonostante l'abitazione sia più piccola, proprio a causa dei costi elevati presenti sul mercato. Sia i lavori di ristrutturazione sia i costi per l'arredamento sono pressoché uguali, in quanto queste spese non variano a seconda della zona geografica nella quale si è effettuata l'operazione di acquisto. La conseguenza maggiore di questa spesa ulteriore rispetto al primo esempio è una durata più lunga, con l'investimento che dovrà essere necessariamente spalmato su più anni al fine di ridurre l'importo delle rate semestrali.

Anche l'imposta di registro sarà più elevata, in quanto il suo ammontare è frutto di una percentuale applicata all'ammontare monetario pagato per l'acquisto dell'immobile.

L'acquisto di un immobile di questo genere è principalmente finalizzata ad ottenere un reddito derivante da contratti di locazione durante i mesi estivi. Dunque è importante considerare anche le spese relative a questa fonte di guadagno. Infatti generalmente le famiglie decidono di prendere in affitto le abitazioni per periodi piuttosto brevi, a causa dell'elevato costo della locazione e per impossibilità lavorative. Appena una famiglia abbandona la casa, terminato il periodo di locazione breve, l'appartamento sarà occupato immediatamente da un'altra famiglia, e questo avverrà per tutta la durata dell'estate. Dunque l'appartamento necessita di una pulizia adeguata e del lavaggio di tutta la biancheria presente, per essere fornita ai vari clienti. Questi costi possono essere in parte caricati ai clienti, ma se il canone è alto vi è il rischio di farsi scappare via molti dei turisti presenti nella zona, riducendo il guadagno. Tali costi comunque incidono notevolmente sul guadagno e non devono essere sottovalutati.

Infine vi sono le imposte applicate ai redditi derivanti dai fabbricati locati. Come visto in precedenza è possibile scegliere tra due modalità differenti di tassazione: quella ordinaria e quella separata. La prima ingloba i redditi della locazione all'interno del reddito complessivo posseduto dal soggetto, sommandoli ai redditi di lavoro dipendente e a quelli di lavoro autonomo, per poi applicare le aliquote a seconda dell'ammontare totale dei redditi posseduti. Le aliquote IRPEF vengono applicate per scaglioni, ossia viene applicata una percentuale differente al superamento di ciascun limite reddituale. Il reddito da locazione in questo caso viene decurtato del 5% prima di essere sommato ai redditi derivanti da fonti di altre tipologie. Nel caso in cui invece si opta per una tassazione separata, è prevista l'applicazione di un'aliquota in misura fissa, pari al 21% del totale del reddito derivante dai contratti di locazione. A prescindere dalla modalità per cui si è deciso di optare, l'imposta viene applicata in sede di dichiarazione dei redditi.

3.3.2 – I vantaggi economici futuri

Un investimento relativo all'acquisto di un immobile situato in una zona marittima di grande spessore dal punto di vista turistico, nonostante le grandi spese, comporta notevoli vantaggi e benefici a livello economico.

A seconda della grandezza dell'abitazione è possibile fissare un prezzo che può raggiungere i 5.000 Euro al mese. È importante però gestire in modo appropriato tali guadagni, rimanendo presenti nelle vicinanze dell'immobile, per garantire alla clientela tutto il supporto di cui necessita, oppure affidando l'intera gestione immobiliare ad un'agenzia. Spesso infatti i proprietari di questi fabbricati sono residenti in città molto lontane e non sono in grado di gestire adeguatamente le varie locazioni.

Mantenere un appartamento sempre accogliente e pulito è il modo migliore per accrescere sempre più il proprio business immobiliare, ottenendo sempre più recensioni positive, specialmente online, e attirando un numero di clienti sempre più alto. Naturalmente quando la domanda nel mercato è alta, il prezzo non può che crescere e lo stesso può avvenire anche in questo ambito.

Più difficile è invece implementare una strategia che preveda l'acquisto di un immobile costiero per poi rivenderlo. Infatti è molto difficile individuare un acquirente in grado di spendere un prezzo talmente più alto da garantire un surplus economico da riutilizzare nel mercato immobiliare. Il business in questo senso è dunque indirizzato verso le locazioni, in particolare verso gli affitti brevi, ossia quelli di durata inferiore a trenta giorni.

3.4 – L'analisi degli investimenti

Al fine di intuire in maniera precisa la bontà dell'investimento effettuato in ambito immobiliare è possibile utilizzare degli indici, generalmente applicati a livello aziendale. Il ROI e il ROE, infatti, sono i più noti strumenti utilizzati nelle analisi di bilancio, che consentono di capire quale sia lo stato di salute economico e finanziario dell'impresa, in modo tale da dare la possibilità ai manager di applicare le dovute modifiche strategiche per ottimizzare il proprio rendimento.

Lo stesso può essere fatto anche da un individuo che decide di investire negli immobili. In questo caso le manovre correttive sono decisamente più complicate da applicare, in quanto riferite a redditi inferiori e a singoli soggetti.

Calcolare questi indici è però parte integrante dell'intera valutazione necessaria a definire gli investimenti. Un ottimo livello di ritorno degli investimenti induce un soggetto a proseguire nella sua opera, al fine di incrementare sempre più il proprio reddito, avendo individuato una metodologia strategica ottimale per il mercato immobiliare; viceversa un livello basso di questo due indici indica una mancanza di correlazione tra la teoria, rappresentata dalla strategia, e la realtà, ossia il mercato vero e proprio.

3.4.1 – Il ROI nei due esempi

Il ROI è lo strumento attraverso il quale è possibile individuare quanto del capitale investito ritorna nel patrimonio del soggetto sotto forma di guadagno. Il ROI tiene conto non solo del capitale monetario proprio, ma anche di quello derivante da fonti di finanziamento esterne, all'interno delle quali rientra sicuramente il mutuo. In questo modo è possibile capire precisamente la bontà e l'efficacia della strategia adottata.

Per calcolare il ROI è necessario rapportare i guadagni ottenuti in un intervallo di tempo, ad esempio un anno solare, con il costo dell'investimento, che comprende anche tutte le spese connesse considerate nelle due ipotesi.

Nel primo esempio, ossia quello relativo all'acquisto di un immobile situato in una città nelle vicinanze di un'Università, è possibile ottenere un ROI decisamente più elevato rispetto a quello ottenibile nel secondo esempio, ossia quello relativo all'acquisto di un immobile situato nelle vicinanze di una zona marittima turistica. Il motivo è da ricercare nell'ammontare delle spese, decisamente più elevate nel secondo caso rispetto al primo.

3.4.2 – Il ROE nei due esempi

Il ROE invece rappresenta l'indice in grado di definire la bontà dell'investimento immobiliare effettuato, tenendo in considerazione solamente il capitale proprio effettivamente investito e non quello derivante da fonti finanziarie esterne, escludendo dal computo anche tutti i costi accessori connessi alla stipula del contratto di mutuo.

Con questa applicazione la situazione appare completamente capovolta. Stavolta il ROE più alto è quello calcolato sul secondo esempio, in quanto i contratti di locazione di breve periodo comportano una maggiore redditività se rapportati al solo capitale proprio.

3.4.3 – Valutazioni finali

Nel mondo esistono due tipologie di pensiero completamente opposte: la prima crede che investire nel mattone sia un'attività eccessivamente rischiosa che porta a benefici decisamente inferiori rispetto alle aspettative; la seconda invece crede completamente nell'investimento immobiliare e lo intende come metodo di guadagno veloce e sicuro. Entrambe le metodologie in realtà presentano pro e contro. Molto dipende dalla propensione al rischio posseduta dal soggetto che intende acquistare l'immobile e, soprattutto dalla situazione del mercato. Come per altre molte situazioni la verità sta nel mezzo.

L'investimento migliore e più efficiente è sicuramente quello effettuato durante le giuste fasi di mercato, si tratti di un'operazione di acquisto o di un'operazione di vendita. Investire ad ogni costo, anche quando il mercato appare sfavorevole potrebbe mostrarsi controproducente, ma anche non investire affatto potrebbe portare ad ottenere un guadagno futuro nettamente inferiore.

Per questo motivo ogni investimento deve essere anticipato necessariamente da una fase di studio approfondita del mercato, al fine di ottimizzare e correggere la propria strategia finanziaria e immobiliare. Per far sì che l'investimento diventi un vero e proprio business, infatti, è necessario applicare le due metodologie basilari dell'intero mondo economico: massimizzare i profitti e minimizzare i costi.

L'occasione perfetta per conciliare questi due aspetti sarebbe quella di acquistare l'immobile desiderato all'asta, oppure approfittare di famiglie o singoli individui che per vari motivi hanno fretta di vendere la propria abitazione, abbassando notevolmente il prezzo. Per cogliere queste occasioni è necessario però pazientare a lungo e non buttarsi sulla prima apparente opportunità che si presenta sul mercato.

Conclusioni

Per investire nel mercato immobiliare è dunque richiesta una profonda conoscenza delle dinamiche che caratterizzano questo particolare settore economico. Acquistare e rivendere gli immobili, infatti, richiede enormi sacrifici economici, specialmente nelle fasi iniziali dell'investimento, ed è un'attività che non si può affidare al caso.

Inoltre l'investimento immobiliare è spesso legato ad una tempistica burocratica che provoca la dilatazione dei tempi, ritardando in questo modo il ritorno del capitale investito nel patrimonio monetario posseduto.

Per massimizzare i propri guadagni è necessario implementare una strategia che tenga in considerazione tutte le agevolazioni fiscali, che aiutano ad abbattere ulteriormente i costi, generando un surplus di profitto, che potrà essere investito in altri settori.

Se il soggetto che intende effettuare l'investimento non dispone del tempo sufficiente, per vari motivi lavorativi e personali, per studiare il mercato e gestire i propri fondi è allora possibile affidare il proprio patrimonio nelle mani di un esperto del settore che, a seconda delle richieste del cliente, coglierà i momenti più opportuni per effettuare gli investimenti.

www.ingramcontent.com/pod-product-compliance
Lightning Source LLC
Chambersburg PA
CBHW060850220526
45466CB00003B/1318